AF562785

DISCOURS

PRONONCÉS

PAR M. RUFZ DE LAVISON

COMME MAIRE DE SAINT-PIERRE

(MARTINIQUE)

PARIS
DE SOYE ET BOUCHET, IMPRIMEURS
PLACE DU PANTHÉON, 2, AU COIN DE LA RUE D'ULM

1862

DISCOURS

PRONONCÉS

PAR M. RUFZ DE LAVISON

COMME MAIRE DE SAINT-PIERRE

(MARTINIQUE)

I

A LA DISTRIBUTION DES PRIX AU PENSIONNAT DES DAMES DE SAINT-JOSEPH (1854).

A la vue de cette Assemblée, je regrette que M. le Gouverneur n'ait pas pu venir vous distribuer lui-même les couronnes que vous allez recevoir. Le maire de Saint-Pierre, votre compatriote, aurait été fier de lui présenter ce joli bouquet de fleurs créoles. Mais ce qu'il eût aussi admiré, comme nous, et presque autant que vos frais visages, c'est la belle ordonnance de cette maison, sa grande discipline, cet air de recueillement, d'innocence et de bonne éducation que l'on y respire. Éducation! j'ai prononcé là, Mesdemoiselles, un des plus grands mots de la langue humaine, et, puisqu'il est d'usage, dans des solennités comme celle-ci, de vous impatienter par quelques paroles sérieuses, permettez-moi de prendre l'éducation pour texte de celles que je dois vous adresser.

De tous les dons qu'il plaît à Dieu de nous gratifier, dans tous les temps et chez tous les peuples, l'éducation a été considérée comme le plus souhaitable. Assurément il est heureux de sortir de l'une de ces familles que de grands services recommandent à l'estime des siècles, un beau nom est un bel héritage, mais il peut être un lourd fardeau, quand on n'en sait pas soutenir l'honneur, ni les obligations. La beauté! c'est quelque chose, mais quelque chose qui disparait dans un faux jour et avec la jeunesse! Le bien de la fortune :

> Est un bien périssable,
> Et bâtir sur lui, c'est bâtir sur le sable.

La fortune est d'ailleurs un vêtement banal, qui va à toutes les tailles; quand on le prend le matin, on n'est pas sûr de le garder le soir.

L'éducation!!! Voilà le seul bien qui nous appartient en propre, le seul que le caprice du sort ne peut nous enlever, celui que nous portons avec nous partout et toujours. Toutes les autres distinctions sociales veulent s'adjoindre l'éducation et se plaisent à lui rendre hommage là où elle se trouve. Mais par éducation, je n'entends pas cet exercice de la mémoire et de l'imagination qui ne sert qu'au babil de la conversation ou se manifeste par une sensibilité vulgaire et d'apparat; par éducation, j'entends cet ensemble de bonnes habitudes qui règlent notre conduite, nous donnent le bon sens, le goût des choses vraies et utiles : l'éducation, telle que vous la puisez dans cette maison, *chrétiennement* et toujours *raisonnablement*. L'éducation qui fait les bonnes filles, les bonnes mères, et permettez-moi enfin de le dire, car j'en sais quelque chose, les bonnes épouses.

On parlait devant un philosophe — que Madame la Supérieure — qui ne l'est pas que de nom seulement — me permette de nommer ici ce philosophe, on parlait devant J.-J. Rousseau de la dot d'une jeune fille : — Elle est riche, dit-on naturellement d'abord. Rousseau pose zéro. — Elle est belle. — Zéro. Elle est noble. — Zéro. — Elle est spirituelle. — Zéro. — Instruite. — Zéro. — Et aussi zéro, zéro, pour bien d'autres brillantes qualités. Enfin on ajoute : elle est bien élevée. Alors Rousseau pose le chiffre significatif, et il se trouva que la jeune personne valait un million. La bonne éducation avait seule donné du prix à tous ses autres avantages.

Mais il est téméraire à moi d'insister sur un pareil sujet, et de parler éducation devant le vénéré prélat à qui a été conféré le don apostolique de parler de toutes les grandes et belles choses, devant ces dames de Saint-Joseph qui savent si bien joindre l'exemple au précepte, et dont la vie est le modèle de ce qu'elles enseignent.

Magistrat de la cité, il me reste à vous témoigner, Madame la Supérieure, ainsi qu'à toutes vos dignes institutrices, la satisfaction qu'éprouve le corps municipal chaque fois qu'il lui est donné de visiter ce bel établissement.

Il est toujours digne de sa renommée, cette année n'est point inférieure à celles qui l'ont précédée, et le concours de 1854 vivra dans les annales du couvent de Saint-Joseph, comme dans le souvenir de toutes les personnes qui assistent à cette belle cérémonie.

II

A LA DISTRIBUTION DES PRIX DES ÉCOLES PRIMAIRES DIRIGÉES PAR LES FRÈRES DE PLOERMEL (1854).

Jeunes Élèves,

C'est avec un sentiment particulier que le Corps municipal vient assister à la distribution des prix des Écoles primaires. Si cette cérémonie se fait avec moins de pompe que d'autres semblables, ce n'est point certainement parce que la société y porte moins d'intérêt. Nous savons que dans les Écoles primaires se trouve le fond d'un pays et que, pour bâtir avec solidité, il faut que toujours le fond soit bon. C'est ici la pépinière de nos arts et métiers, de notre agriculture. Jugez quel prix nous devons attacher à votre instruction. C'est d'ici que sortiront ces habiles ouvriers, ces laborieux cultivateurs qui serviront de modèles aux autres et qui prouveront que pour manier l'outil et la charrue, que pour faire rendre à notre sol les trésors que Dieu a déposés dans son sein, des mains instruites n'en sont que meilleures. Sous la haute et intelligente direction du Chef éminent qui nous gouverne, nous sommes tous appelés à relever et à faire valoir cette colonie aux yeux de la Métropole. Les Métropoles sont des mères sévères qui ne prisent une colonie qu'autant qu'elle leur rapporte honneur et profit. Si donc nous ne travaillions à perfectionner sans cesse nos produits, si nous ne nous efforcions pas à inventer de nouvelles richesses qui ajoutent à notre importance, si nous croupissions dans la routine, dans l'ignorance et dans la paresse, nous resterions en arrière de ce beau mouvement qui emporte l'humanité de découvertes en découvertes ; nous serions dépassés, négligés, délaissés, nous verrions ces beaux navires qui vont partout répandre les richesses de la civilisation passer devant nous aussi dédaigneusement qu'ils passent devant ces terres sauvages et infécondes qui n'ont rien de bon à leur offrir. Réunissons donc tous nos efforts afin que notre pays soit porté au plus haut degré de prospérité possible. C'est là un des plus nobles sentiments qui puissent animer le cœur des hommes. Servons tous la Martinique dans le rang et à la place que Dieu nous a assignés. — Qu'importe le rang et la place, la religion nous apprend comment toutes les distinctions seront considérées un jour! L'important!!! c'est de bien faire ce que nous devons faire, c'est de bien remplir la place que nous devons remplir, c'est de satisfaire à la sainte loi du devoir : le reste est le secret de Dieu. Les braves soldats, les braves matelots qui meurent, à cette heure, sur la terre ennemie pour réprimer une injuste ambition et sauver le monde du joug de la barbarie, n'ont pas moins bien mérité que l'illustre maréchal de France qui a reçu le coup de grâce des mains de la victoire. Et, en regardant plus près de nous, ces bons Frères, vos instituteurs, qui ont quitté patrie, famille, amis, pour venir vous apprendre à lire, écrire et compter, ne disent-ils pas bien plus éloquemment que toutes les paroles, que, dans l'ordre social établi par la Providence, les fonctions en apparence les plus humbles ne sont pas toujours les moins utiles ni les moins honorables? Lire, écrire et compter, c'est le pain quotidien de l'esprit, avec cela on peut monter bien haut; il n'en a pas fallu davantage, à la plupart des grands hommes, pour s'élever au point où nous les voyons dans l'histoire. Cela est surtout bien suffisant pour faire de bons Chrétiens, de bons Français et de bons Martiniquais.

III

AU SÉMINAIRE-COLLÉGE DE SAINT-PIERRE-MARTINIQUE (1856).

Jusqu'à présent, pour me conformer aux usages des fonctions municipales, j'ai bien osé porter la parole devant des jeunes filles, devant les jeunes enfants de l'école des frères; j'étais, en quelque sorte, rassuré par la modestie des cérémonies et rassuré aussi par mon jeune auditoire, dont je pouvais espérer de surprendre la bienveillance si naturelle à cet âge. Je ne voyais autour de moi ni yeux, ni oreilles redoutables;

c'est ainsi que j'ai pu me laisser aller à la présomptueuse et peut-être maladroite imitation des grands esprits de la mère-patrie, qui profitent des solennités comme celle-ci pour élever leur grande voix, évoquer et faire parler quelqu'un des grands principes qui dominent l'ordre social et donner le mot d'ordre à la génération qui se lève devant eux. Mais aujourd'hui où suis-je et que vois-je devant moi. M. le Gouverneur de cette colonie, moins remarquable par le titre éminent dont il est revêtu que par son mérite personnel et la pénétrante sagacité dont il a donné tant de preuves. Monseigneur l'Évêque habitué à vivre sur la cime des plus hautes méditations et en compagnie des plus pures intelligences; tout ce monde d'élite, ces Messieurs du clergé dont la robe a été pour moi, dès mon enfance, le symbole des vertus et du savoir; et où suis-je, dans cette magnifique demeure tout à la fois de la religion et des belles lettres! Prendrez-vous donc pour une figure de rhétorique, si je parais troublé, si j'hésite, si je balbutie, si fouillant dans ma mémoire, je trouve le souvenir de ce Barbare introduit dans le sénat romain et qui prie les dieux de l'assister :

Veuillent les immortels conducteurs de ma langue
Que je ne dise rien qui puisse être repris.

Jeunes élèves,

Après les beaux enseignements que vous venez d'entendre de la bouche de votre maître, après le témoignage de la haute bienveillance que vous recevez de la présence de M. le Gouverneur à cette cérémonie, il semble que tout autre discours est superflu, que le vœu public est rempli, que vous êtes aujourd'hui suffisamment honorés, encouragés et récompensés. Il faut donc tout le désir que j'ai de complaire à Monseigneur l'Évêque, il faut toute la sympathie que je sais au Conseil municipal envers l'instruction publique, pour que je me décide à prendre encore la parole et à retarder l'heureux moment qui va vous mettre en possession de vos couronnes. Mais le Maire de Saint-Pierre ne répondrait pas à l'attente de son conseil si dévoué à toutes les choses du progrès véritable, si bien intentionné pour tout ce qui concerne l'honneur et la prospérité du pays, s'il ne payait à ce bel établissement les justes éloges qui lui sont dus et s'il ne disait les espérances que fait concevoir le Séminaire-Collége. Ça a été dans tous les temps une des ambitions, un des vœux les plus ardents de la Martinique d'avoir un collége à elle, un collége où elle pût élever ses enfants sous ses yeux et sous ses ailes, afin de leur épargner les souffrances et les dangers d'un climat qui n'est pas le climat natal, le sacrifice des soins et de l'exemple de la famille et toutes les privations d'un précoce exil. Dans l'éducation publique, les grands centres sont comme les capitales de l'instruction, ils servent de modèles aux autres institutions, stimulent leur émulation, et par les ressources qu'ils possèdent et la haute protection dont ils sont l'objet, ils offrent aux familles des avantages qu'elles ne peuvent trouver ailleurs. A diverses reprises, des tentatives ont été faites pour procurer à cette colonie le grand bienfait d'un collége. Mais c'était sans doute un de ceux que le ciel attachait à la présence d'un Évêque à la Martinique. Aussitôt son arrivée, Monseigneur Leherpeur se mit à l'œuvre, jeta sur une large base les fondations de cet établissement, et malgré les plus cruelles épreuves, malgré les coups redoublés que la mort frappait autour de lui, comme elle n'en frappa jamais même sur les champs de bataille les plus meurtriers, il accomplit enfin ce vœu que nous avions tant à cœur, et la Martinique fut dotée d'un Collége. Autre bienfait non moins souhaitable! quand toutes les choses qui nous viennent de la France ne nous sont livrées qu'au double de leur prix et sont l'objet des spéculations mercantiles, l'instruction publique descendit cette fois à la portée de notre détresse, elle nous fut donnée au-dessous de son cours dans les grandes villes de la Métropole et pour ainsi dire au taux de la morale chrétienne. Le Conseil municipal de Saint-Pierre qui a suivi avec le plus vif intérêt les progrès de cette grande œuvre, m'a chargé, Monseigneur, de vous en exprimer sa profonde reconnaissance.

Grâce donc, jeunes élèves, à Mgr l'Évêque et à son digne clergé qui a lutté avec lui de zèle et de dévouement, vous recevez ici, sans tous les sacrifices qu'elle a causés à vos pères, sans perdre les baisers quotidiens de vos mères, l'éducation la plus complète, la plus convenable que puisse recevoir la jeunesse, éducation qui vous initie aux grandeurs de la religion, des sciences et des belles-lettres.

Religion, sciences et belles-lettres! trois sœurs sorties d'un même sein, les trois vraies grâces modernes!

Facies non omnibus una
Nec diversa tamen, quales decet esse sororum

La religion et les sciences sont le fond des connaissances humaines, les lettres en sont la forme, les unes sont la pensée, les autres l'expression, et il ne nous paraît pas possible d'établir une opposition quelconque entre le fond et la forme, entre la pensée et son expression. Car qu'est-ce que les lettres sans la religion, et j'oserai demander, bien sûr de mon cœur, que serait la religion sans les lettres? Les lettres sans la religion, c'est le langage des appétits sensuels, des instincts grossiers, des divagations frivoles ou insensées. C'est sans doute ce que parleraient les brutes, *p-cora*, comme les appelle un ancien que vous connaissez bien, *ventri obnoxia*, s'il leur était donné d'exprimer leurs sensations. Maintenant la religion sans les lettres? J'avoue, Messieurs, que je ne saurais imaginer ce qu'elle aurait pu être, mais elle ne serait certainement pas ce qu'elle est! la religion sans les saint Chrysostome, les saint Basile, les saint Augustin! la religion sans Bossuet, sans Fénelon, sans tant d'autres noms non moins immortels par les lettres que par leur piété! la religion, sans vos maîtres, professeurs de belles-lettres! la religion avant que le feu du Ciel, le don des langues, c'est-à-dire des belles-lettres ne fût descendu sur la tête des apôtres, ces incultes pêcheurs devenus tout à coup les plus illustres docteurs du monde et qui allèrent répandre la bonne nouvelle parmi les nations! oh! j'avoue que c'est là un mystère que je ne trouve pas au nombre de ceux imposés à notre foi. Combien n'est-il pas à craindre que cette abstraction des lettres avec la religion, ces restrictions apportées à leur étude, ces suspicions jetées sans cesse sur elles comme si elles étaient toujours les fruits de l'arbre qui nous a perdus; combien n'est-il pas à craindre que tout cela ne serve d'excuse à la paresse humaine et ne contribue à détourner des lettres, plutôt qu'à les faire rechercher! Notre siècle a ses faiblesses et ses passions, passions quelquefois horribles qu'il faut combattre de toutes nos forces. Mais disons à son honneur, que l'impiété et l'irreligion ne sont plus ses péchés et ne se trouvent que dans les chansons bacchiques du cabaret; que ce qu'on appelait autrefois un *athée* ne paraîtrait aujourd'hui qu'un échappé de la maison des fous.

Quant aux sciences fondées la plupart sur l'étude des propriétés de la matière et des rapports physiques, quelque immenses services qu'elles aient rendus, quelque éclat qu'elles jettent aujourd'hui, il est hors de doute que dans les Colléges du degré de celui-ci, l'étude de ces sciences ne peut être qu'ébauchée, on n'en peut prendre qu'une première couche et en apprendre l'abécédaire. La science étudiée à fond sera la profession, et pour cette étude on n'aura pas trop de toute la vie. Mais si habile que l'on devienne dans sa science c'est-à-dire dans sa profession, soyez persuadés que les lettres, par la justesse et la précision qu'elles donnent aux idées, ajouteront encore à cette habileté; et sans remonter à Descartes et à Pascal, voyez si les plus grands savants de nos jours, les Laplace et les Cuvier, n'ont pas été tout à la fois membres de l'Académie des sciences et membres de l'Académie des belles-lettres.

C'est donc avec juste raison que l'étude des lettres forme la base de l'éducation des colléges, car jamais vous n'aurez plus de temps, jeunes élèves, à leur consacrer; le printemps de la vie, le collége, c'est leur saison. Voyons maintenant dans quelle proportion les lettres doivent entrer dans une éducation ordinaire, disons le mot, dans une éducation bourgeoise, quelle part doit leur être faite par exemple dans l'éducation d'hommes placés au milieu des conditions sociales et économiques que Dieu nous a faites; obligés d'exercer des professions laborieuses, lucratives, absorbantes et nécessaires pour élever une famille, ce qui paraît être le but le plus généralement proposé à la plupart d'entre nous sur la terre. On a reproché aux lettres enseignées comme elles le sont dans les plus beaux établissements de la métropole d'accaparer l'esprit des jeunes gens et par le commerce continuel où elle les place avec les plus beaux esprits, comme les Syrènes de la fable, de les entraîner à une ambitieuse et funeste imitation, de telle sorte qu'à la sortie du collége, on n'aspire qu'à être homme de lettres, comme s'il n'y avait que cette profession d'honorable et que des livres à faire dans la vie. J'avoue que ce reproche n'est pas sans fondement et que le danger est réel : employer trop de temps à l'étude des lettres, c'est vraiment faire tort aux autres sérieux devoirs des professions et souvent décorer la paresse ou le caprice d'un beau nom. A qui vient de lire quelques-unes des belles pages de nos grands écrivains, s'il n'est pas poussé par une de ces vocations qui éclatent et se justifient par leurs œuvres, il faut une grande vanité pour oser écrire et prétendre enseigner les autres. Mais s'il n'est pas donné à tout le monde d'être auteur, il est donné à tous de comprendre ceux à qui il a été donné de l'être; ce sont les bons auteurs qui nous aident à bien penser même nos pensées usuelles. Ils nous excitent à l'accomplissement de nos devoirs par leurs beaux préceptes, ils remplissent avec agrément et utilité les loisirs que laissent les professions même les plus occupées, ils détournent des amusements frivoles ou coupables, ils sont nos meilleurs conseillers et nos plus sûrs amis. Tels sont pour nous autres vulgaires les avantages que nous pouvons attendre de l'étude des lettres. Il en est un autre auquel nous pouvons sans trop de présomption aspirer encore, c'est d'apprendre à mettre dans nos relations verbales ou écrites cette clarté, cette précision si agréable dans nos rapports avec les hommes. Et quelle satisfaction, jeunes élèves, s'il vous était accordé dans la carrière que vous aurez choisie, de faire quelqu'une de ces découvertes qui agrandissent le domaine de l'humanité, abrégent ses labeurs et lui ouvrent de nouvelles perspectives, quelle satisfaction pour vous de pouvoir développer, féconder, enseigner ces découvertes ! Voilà certes, jeunes créoles, une ambition qui vous est permise à vous surtout, qui suivrez cette belle profession de l'habitant, qui a fait la fortune et la gloire de vos pères. Quel plaisir dans la solitude de l'habitation et de ses longues soirées de converser, pour ainsi dire, avec vos concitoyens, de leur communiquer la justesse de vos observations, de leur éviter les difficultés que vous avez rencontrées, de leur révéler quelque beau secret qui viendrait en aide à votre beau pays ! Oh ! c'est alors que vous comprendriez de quel secours vous seraient les lettres.

Car les lettres sont utiles dans toutes les conditions de la vie. Vous venez d'entendre le langage si ferme et si net de M. le Gouverneur, de ce marin qui parle comme il administre, comme il a dompté la ville de Sané et comme il en domptera bien d'autres, avec une autorité à laquelle on ne résiste pas. Vous entendrez sans doute bientôt aussi une voix qui vous est bien connue, la voix si persuasive, si paternelle de Mgr l'Évêque. Quoique ni l'un ni l'autre ne se piquent de prétentions littéraires, est-ce à dire que les lettres leur sont étrangères? Et pour vous laisser enfin sous le charme d'un des plus beaux et des plus récents triomphes de l'éloquence, la Reine des belles-lettres ! rappelez-vous cette parole si mâle, si extraordinaire dont le Packet nous a apporté les derniers accents, cette parole vraiment impériale, la parole de César qui fait rendre à César ce qui est dû aux Césars, n'est-ce pas comme un signe de plus dont Dieu s'est servi des lettres pour marquer le sauveur de l'ordre social, le défenseur de la civilisation, notre illustre Empereur !

Oh ! mes enfants ! sur le trône comme dans nos humbles conditions, les lettres portent toujours bonheur à qui les cultivent.

IV

A MONSEIGNEUR L'ÉVÊQUE DE LA MARTINIQUE, LE JOUR DE LA BÉNÉDICTION DE L'HOSPICE DE SAINT-PIERRE.

Monseigneur,

Pour saluer votre entrée dans cette maison, je ne puis employer des paroles mieux trouvées que celles que vous adressait, dans une circonstance semblable, une habitante de ces tristes demeures : *Benedictus*, vous disait-elle, en s'agenouillant devant vous, *qui venit in nomine Domini.* Ces paroles sortaient d'une bouche réputée folle, mais en qui la raison revenait si à propos pour saluer la bonne visite de l'Évêque, à la maison des aliénés. Oui, Monseigneur, soyez béni, et bénissez-nous ; bénissez ces malades qui savent que vous venez *in nomine Domini*, au nom de celui qui rend la vue aux aveugles, le mouvement aux paralytiques, la raison aux aliénés et qui d'un mot peut soulager toutes les souffrances ; bénissez le médecin, afin qu'il ne commette pas de trop douloureuses erreurs ; bénissez ces murs, bénissez cette enceinte, qui n'est encore qu'une belle promesse, mais qui, j'en ai l'assurance, se complétera, se peuplera et réalisera ce dernier asile que toute ville chrétienne doit au malheur et à la vieillesse abandonnée. Bénissez la Commission hospitalière, sage ménagère du bien des pauvres, et dont le zèle et le dévouement sont toujours à la hauteur de sa tâche. Enfin, Monseigneur, bénissez nous tous, car chrétiens et catholiques nous savons tous que l'Église attache à la bénédiction de notre Évêque indulgence et miséricorde.

V

À M. LE COMTE DE GUEYDON, GOUVERNEUR DE LA MARTINIQUE À LA POSE DE LA PREMIÈRE PIERRE DE L'HOSPICE SAINT-PIERRE.

Monsieur le Gouverneur,

La première pierre de cet édifice que vous venez poser aujourd'hui est la dernière et comme le couronnement d'une grande institution dont vous n'avez cessé de poursuivre l'accomplissement depuis votre arrivée en ce pays. Vous avez créé l'assistance publique à la Martinique telle qu'elle existe dans la Mère-Patrie et dans les pays civilisés, sage, éclairée, ménagère et pourtant magnifique, ainsi que l'attestent ces murs qui s'élèvent. Par une heureuse combinaison de votre esprit, vous avez triplé la charité publique, et en place d'un indigent que nous secourions, nous en pouvons secourir trois. D'autres monuments, d'autres institutions, nos routes rétablies, le travail organisé, rediront ici les effets de votre infatigable et féconde activité. D'autres destinées, plus brillantes que celles que vous peut offrir notre île, attendent sans doute un homme de votre mérite, mais en quelque lieu que vous porte la fortune, je suis assuré qu'aucun autre souvenir ne vous sera plus cher que le souvenir de ces asiles où tant de malheureux prieront pour vous. Ils sont désormais placés sous votre protection; vous les protégerez toujours de tout votre pouvoir. La Commission hospitalière de Saint-Pierre est heureuse que vous l'ayez choisie pour l'associer à cette grande œuvre; elle comprend l'importance et l'honneur d'administrer le bien des pauvres pour le compte des pauvres. Cet honneur sera désormais recherché par tous ceux à qui Dieu aura fait des loisirs. Permettez-nous, Monsieur le Gouverneur, de vous offrir les premiers remerciements et les premières bénédictions dont cette demeure ne cessera de retentir au nom du comte de Gueydon.

VI

A LA DISTRIBUTION DES PRIX DES ÉCOLES PRIMAIRES DE PLOERMEL (1855).

Jeunes Elèves,

Je suis heureux que les premières paroles que j'ai à vous adresser, au nom du conseil municipal, soient pour vous féliciter du bon compte que vos dignes instituteurs nous ont rendu de votre docilité et de votre application à l'étude durant le cours de cette année. C'est la meilleure manière de vous montrer reconnaissants envers vos familles et envers la société coloniale des sacrifices qu'elles s'imposent pour votre éducation. De la part de vos familles, ce sacrifice est considérable et doit être bien sacré pour vous, car c'est un tribut prélevé sur leurs sueurs journalières. Mais la société coloniale ne se montre pas moins généreuse à votre égard ; je puis vous le dire, le chiffre de l'instruction gratuite dans son budget des dépenses s'élève au-dessus de 212,000 francs, ce qui est beaucoup plus que des départements de la France, plus importants que notre île par leur richesse et leur population, ne consacrent à cette destination. Mais je vous le répète, vous serez suffisamment reconnaissants si vous êtes suffisamment utiles. L'utilité dont nous sommes les uns pour les autres est, partout, la mesure de notre considération sociale. Aussi Dieu, dont la sagesse éclate en toutes chosos, a-t-il multiplié à l'infini les différentes manières de nous être utiles les uns aux autres. Toutes les professions sont utiles ; car toutes servent à manifester cette réciprocité de services qui doit exister entre nous et qui est la base de toute société humaine. Voilà pourquoi, jeunes élèves, le choix d'une professsion est l'un des actes les plus importants de la vie ; ce doit-être le point de mire et la dernière et la plus belle couronne de vos études. C'est par là que vous entrerez en exercice de vos droits et de vos devoirs, et que vous prendrez rang dans la société dont vous êtes appelés à être les membres. Pour la société, l'homme c'est la profession. Aussi l'homme sans profession est-il un homme stérile dont il n'y a rien à espérer. Par conséquent il est de peu de valeur, lors même qu'il n'est pas une charge.

La société coloniale fait pour vous tout ce qu'elle peut faire.

En vous apprenant la lecture, l'écriture et le calcul, elle vous met en main les premiers instruments de tous les métiers.

Elle vous a donné les leçons et l'exemple de ces bons frères de Ploërmel, qui sont les meilleurs instituteurs du peuple ; car d'eux on ne saurait dire comme de la philantropie mondaine, que ce ne sont que des parleurs de vertus, de sobriété et de désintéressement, qui prêchent la pauvreté et l'obéissance au milieu des superfluités du luxe et des hauteurs de l'orgueil. Depuis seize ans qu'ils sont dans cette colonie, pas une seule tache sur leur robe de bure ; ils sont les amis de tout le monde, les modèles de tout ce qu'ils enseignent, et font le bien silencieusement. Quoique du royaume de ce monde, ils ne prétendent qu'à la fatigue de vous instruire, et qu'ils soient au-dessus de toutes les louanges terrestres, qu'ils me permettent de saisir cette occasion pour leur témoigner ici solennellement en votre nom et au nom de toute la colonie, nos sentiments de reconnaissance et de vénération.

Maintenant pour ceux d'entre vous qui vont cette année sortir de cette école, la responsabilité de leurs parents commence ; car c'est sur vous, pères et mères, que pèse la responsabilité de choisir et de diriger la profession de vos enfants. Sans doute vous devez consulter leurs goûts, leurs aptitudes particulières, car Dieu, pour l'harmonie et le développement de son œuvre, a mis dans les talents répartis aux hommes la même diversité que dans les fleurs et dans le fruit des arbres. Il faut respecter les vocations, qui d'ailleurs lorsqu'elles sont réelles savent bien surmonter tous les obstacles. Mais votre bon jugement et votre expérience vous préserveront de prendre pour telles ces entraînements éphémères inspirés par de fausses appréciations, souvent par de mauvais conseils ou même par de mauvais exemples. Vous vous garderez bien d'engager vos enfants dans des impasses ou dans des carrières trop encombrées où ils ne rencontreraient que les luttes, les ennuis et le découragement de la concurrence. En magistrat qui ne veut pas prendre le beau titre de votre maire comme un honneur seulement mais comme un devoir sérieux, j'ai voulu m'assurer par l'examen des livrets des professions où se porte de préférence notre jeune population, afin de vous en parler avec vérité. J'ai été surpris de voir qu'excepté les tonneliers, charpentiers et maçons, il n'y avait pas d'autre métier dans la ville de Saint-Pierre. N'est-il pas à craindre que ces professions ne soient si recherchées, qu'à cause de la précoce et mauvaise indépendance qu'elles encouragent, et à cause aussi de ces demi-emplois de la vie, de ces chômages si favorables à l'oisiveté et si contraires au bon ordre. Toujours est-il que les métiers à longs et sérieux apprentissages qui exigent de l'assiduité et une certaine discipline manquent de sujets. Le regret en est dans toutes les bouches de ces vieux maîtres mouliniers, charrons et autres, qui, malgré les entraves du temps, arrivaient autrefois à l'estime, à la considération et à la fortune, et qui aujourd'hui n'ont plus de successeurs.

Il est surtout, dans le choix des professions, une condition que nous, habitants des colonies, ne devons jamais perdre de vue, C'est notre condition de colonie. Nous n'aurons jamais de prix aux yeux de notre Métropole qu'autant que nous produirons des denrées coloniales qu'elle puisse échanger contre les marchandises qu'elle nous envoie. Nous devons servir à la prospérité de son commerce et de son industrie. Si nous faisions faute à ce qu'elle attend de nous, elle se détournerait et irait chercher ailleurs ce que nous ne pourrions lui offrir. Partant plus de tous ces objets de première nécessité dont nous ne saurions nous passer, plus de ces belles choses qui font l'agrément et aussi la dignité de la vie. Il faut donc produire beaucoup de denrées coloniales, c'est-à-dire beaucoup de café, de cacao et surtout beaucoup de sucre, car quelques navires suffiraient pour porter tout le café et tout le cacao dont la France a besoin, tandis que le sucre attire ici chaque année 150 à 200 navires. Or en tous pays la denrée foncière, celle qui fait vivre le plus de monde, est la denrée d'honneur. Voilà pourquoi propriétaires et cultivateurs, tous ceux qui travaillent à produire le sucre, seront toujours ici les plus considérés et toujours à la tête de notre société.

Un dernier conseil, jeunes élèves. Quelle que soit la profession que vous embrasserez, faites-la avec goût, avec intérêt pour ceux qui vous emploient et pour le mieux de la chose, n'attendez pas des ordres toujours injurieux et blessants, allez au-devant de votre devoir. Craignez les reproches ; prévenez les insuccès par votre vigilance, assurez la réussite par votre activité ; en un mot, faites comme pour vous-mêmes. Ah ! si vous saviez combien les bons ouvriers sont estimés, recherchés et nécessaires ! Combien malheureusement ils sont rares ! et quels avantages il y a, même en ce monde, à être laborieux et honnête, vous seriez tous de bons ouvriers ; faire son devoir est la plus haute expression de la dignité humaine. Cela vous met au-dessus de toute injustice. C'est la véritable indépendance, la seule qui soit digne de la liberté !

VII

A LA DISTRIBUTION DES PRIX D'UNE INSTITUTION PARTICULIÈRE (1854).

Jeunes élèves,

Bien que vous soyez l'objet principal de cette fête, avant de m'adresser à vous, je dois remercier votre instituteur du désir qu'il a témoigné de me voir présider à cette distribution des prix et de m'entendre vous adresser quelques paroles, au nom du Conseil municipal que j'ai l'honneur de représenter. C'est avoir bien jugé le corps municipal de Saint-Pierre que de penser qu'aucun établissement d'instruction publique ne lui est indifférent. Si à l'occasion de solennités pareilles à celle-ci, on paraît se porter de préférence vers les grands établissements, c'est uniquement par l'impossibilité de se trouver à tous. Mais, sous quelque forme qu'elle se présente, l'instruction publique est assurée de tous nos hommages et de toutes nos sympathies, et, dans les fonctions municipales, il n'en est aucune qui puisse l'emporter sur ce que nous devons aux écoles. J'éprouve surtout, jeunes élèves, un intérêt particulier pour ces courageux jeunes hommes qui, comme votre instituteur, bravant les dangers de notre climat, viennent nous apporter les trésors de l'éducation, et, seuls, sans assistance, malgré leur isolement, fondent de bons établissements, gagnent la confiance des familles et trouvent dans leur instruction et dans leur énergie les ressources pour ainsi dire d'une université tout entière. Je ne puis oublier qu'à quelques pas d'ici, dans cette même rue Pesset, j'ai reçu mes premières leçons d'un de ces hommes d'élite qui plus tard devait rendre à la Guadeloupe d'autres services, mais qui, en formant ici une forte génération d'élèves, n'a pas été moins utile à la Martinique. Oui, la Martinique se souviendra toujours avec reconnaissance des Perry, des Portier, des Beleurgey, leur nom est encore gravé dans bien des cœurs, et ceux de leurs élèves que vous avez vu à l'œuvre vous attestent ce qu'étaient les maîtres. Si bien que nous en apparence plus favorisés qui étions allés, au prix de l'exil, chercher les bienfaits de l'éducation lointaine, trouvant à notre retour de tels concurrents, nous répétions avec le fabuliste qu'il en est peut-être de l'éducation comme de la fortune, qu'on va la chercher bien loin lorsqu'elle est souvent à notre porte.

Vous continuez, nous le savons, Monsieur Villemin, dans l'instruction publique de la colonie, ces bonnes traditions; votre nom sera joint, un jour, aux honorables noms que je viens de rappeler. Vous donnez à nos enfants l'instruction qui leur convient, vous les initiez aux éléments des sciences afin qu'ils puissent s'en approprier un jour les merveilleuses applications, mais vous ne négligez pas les lettres qui, suivant la belle expression de Quintilien, *instituent l'homme*, et certainement perfectionnent la nature humaine, la rendent plus capable de comprendre et d'admirer l'œuvre de Dieu, et sont enfin pour tous, dans toutes les situations de la vie, le plus pur et le plus noble des délassements. C'est là de la bonne et véritable instruction qui formera de bons habitants et de bons pères de famille, car le bon goût est toujours le meilleur instituteur de la bonne morale.

Pour vous, jeunes élèves, je n'ai qu'un seul conseil à vous donner, c'est de toujours faire exactement ce que vos maîtres vous prescrivent de faire. Si vous pouviez apprécier la bonté et l'étendue de ce conseil, je n'aurais plus rien à vous souhaiter. Nous autres hommes faits, lorsque, à notre âge, nous repassons les années écoulées et cherchons comment pour mieux la remplir nous aurions dû prendre la vie, presque toujours nous rencontrons un regret, et ce regret c'est de n'avoir pas fait aussi exactement que nous aurions pu le faire ce que nous prescrivaient nos maîtres. Combien notre instruction en eût été meilleure, mieux assise et plus solide ! Que de peines, que de temps nous nous serions épargnés! Quel aide on nous offrait! C'est que la méthode qu'on suit pour instruire la jeunesse, la méthode universitaire n'est pas d'hier. C'est elle qui a formé les nations civilisées et la plupart des grands hommes, et elle est fondée sur l'expérience de la vie. On a reconnu qu'à votre âge c'était la mémoire qui dominait; que c'était là votre don à vous; que c'était ainsi que Dieu avait fait la jeunesse; et en cela admirez cette suprême sagesse qui gouverne le monde. Il fallait commencer l'homme par la mémoire; car la mémoire est le magasin de l'âme; il faut donc y amasser, y faire provision de connaissances, afin de les retrouver et de les féconder, lorsque les temps du choix, du jugement et de la mise en œuvre seront arrivés. Cultivez donc votre mémoire, jeunes élèves, votre sort n'est pas à plaindre. Ornez-la de ces divins préceptes que vous traduirez un jour en belles actions. Ornez-la de ces beaux vers appelés le langage des Dieux, et où respirent toujours le beau et le vrai. Ne sortez pas d'ici sans savoir par cœur Virgile et Racine, Horace et La Fontaine : c'est le cachet des bons élèves. Appliquez-vous à savoir avec précision ces règles des sciences et du langage que vous ne saurez jamais bien que si vous les apprenez dans votre jeune âge. Le précepte n'est pas nouveau. C'est le vieil oracle : *Age quod agis.* Faites tout à point, afin que plus tard vous ne soyez pas obligés de revenir sur vos pas et de tourner indéfiniment dans le labyrinthe des notions confuses et des à peu près. Voulez-vous bien savoir, faites comme ces musiciens qui, pour être sûrs de la musique qu'ils ont à exécuter, la clouent sur leurs pupitres et n'en abandonnent l'étude que lorsqu'ils se sentent maîtres d'en rendre librement toutes les difficultés. De même, ne passez jamais sur les difficultés ; faites-vous les expliquer par vos maîtres, ne donnez entrée dans vos esprits qu'aux idées nettes et aux images claires ; repoussez tout ce qui est vague et obscur ; il vaut mieux ne pas savoir que de mal savoir.

En apprenant ainsi, jeunes élèves, il n'est pas de profession que vous ne puissiez aborder avec espérance. En étudiant ainsi, vous serez toujours en ligne avec votre siècle. Et à quelle époque l'instruction fut-elle jamais plus nécessaire ? Pour suivre cette course *au progrès* qui emporte l'humanité jusqu'à l'étourdissement, il vous faut les ailes de l'instruction et d'une instruction sûre d'elle-même. Si vos pères ont passé par de grandes épreuves et vu de grandes choses, celles qui vous attendent ne se présentent pas sous de moins grandes dimensions. Votre horizon n'est ni moins haut ni moins large. Vous allez avoir affaire à la vapeur et à l'électricité, ces forces infinies qui, pour être conduites, veulent des poignets bien forts, car leurs moindres erreurs sont des catastrophes, et qui n'en est pas maître est écrasé ou foudroyé. Aux proportions que prennent les luttes guerrières et industrielles, à quels efforts, à quels sacrifices ne faut-il pas vous préparer ! Et ce grand fait, ce fait capital de notre histoire moderne, l'alliance de ces deux grandes nations, la France et l'Angleterre, quelle impulsion ne va-t-elle pas donner à l'esprit humain, et ne sommes-nous pas en droit d'en espérer autant de prospérité que leur rivalité a produit autrefois de malheurs? Mais regardons plus près de nous, sur ce petit coin du monde que nous habitons, et voyez, jeunes élèves, quels signes dans notre ciel? L'ancien ordre de choses a fait son temps, il n'est plus possible de dormir dans le repos des priviléges ou dans les dédains de la routine; nous voilà aux prises avec la liberté, avec sa laborieuse mais noble concurrence. Ceux désormais que les révolutions surprendront sur cette terre et à qui elles demanderont leur titre de suprématie, leur droit d'être à la tête de cette société, ceux-là n'ont plus d'autre réponse possible que la réponse des grandes âmes : Notre droit! C'est

Le droit qu'un esprit fort et ferme en ses desseins
A sur l'esprit grossier des vulgaires humains!

C'est le droit de l'intelligence sur la force, du savoir sur l'ignorance, de l'activité sur la paresse, c'est l'empire de l'esprit sur la matière! Voilà la société qui vous est réservée!

Et en attendant les couronnes qu'elle vous donnera, venez recevoir, jeunes élèves, celles que vous avez méritées, et que nous n'avons pas moins de plaisir à vous distribuer que vous avez à les recevoir.

VII

AU PENSIONNAT DES DAMES DE SAINT-JOSEPH (1856).

Mesdames et Mesdemoiselles,

Le Conseil municipal m'a chargé de vous remercier de l'aimable invitation que vous nous avez faite d'assister à votre distribution des prix. En voyant la brillante et nombreuse assemblée toujours empressée d'accourir à cette cérémonie, nous reconnaissons que le pensionnat de Saint-Joseph n'a rien perdu de la confiance des familles et que sa distribution des prix est toujours un des grands jours de fête de la ville de Saint-Pierre. Nous venons d'entendre, Mesdemoiselles, le haut témoignage qui vous a été rendu. Nous savons que vos examens de cette année ont été aussi satisfaisants que ceux des années précédentes, que vous avez répondu à toutes les questions qui vous ont été faites sur l'histoire, sur la littérature et sur toutes les branches de votre instruction avec intelligence et précision, de manière à laisser l'assurance que vous conserverez le goût des lectures sérieuses et que vous êtes capables d'apprécier les chefs-d'œuvre des grands écrivains, dont on a dit avec raison que c'était avoir beaucoup profité que de savoir se plaire avec eux. Vous n'êtes pas non plus étrangères aux notions scientifiques. Vous en savez assez pour chasser de votre esprit les superstitions puériles, reconnaître l'effet des causes naturelles, et admirer la grandeur de Dieu en comprenant mieux l'admirable mécanisme de son œuvre. Les éléments du calcul vous aideront dans la pratique de l'ordre et de l'économie, ces deux grandes puissances de la vie domestique, qui donnent et conservent la fortune. Enfin vous possédez bien les règles de la grammaire, sans laquelle, a dit un célèbre critique, il n'y a pas de grands écrivains, et sans laquelle, nous vous le disons avec tout le monde, il n'y a certainement pas de femme distinguée.

Je ne parle pas des qualités morales qui sont la fin de toute éducation, vous venez d'entendre là-dessus une voix plus autorisée que la mienne et de laquelle, tous, tant que nous sommes, nous recevons avec respect et reconnaissance toutes les leçons. Après une bonne mère de famille, un Evêque catholique, Fénelon est celui qui a le mieux parlé de l'éducation des femmes. Ne soyez donc pas étonnées si je n'ai pas osé toucher à un tel sujet, quoique je le place au-dessus de tous les autres; je savais que j'aurais à parler après Mgr l'Evêque de la Martinique et devant bien des bonnes mères de famille. D'ailleurs le caractère religieux de cette maison, son isolement des passions humaines, cette solitude où viennent mourir tous les bruits du monde, les leçons, l'exemple et la vigilance de vos sages institutrices, sont des garanties que ce bel établissement d'instruction est aussi le sanctuaire de la grande et bonne morale.

Mais si les exercices de l'esprit ont obtenu dans votre enseignement la prééminence qu'ils méritent, nous ne pouvons vous cacher le plaisir que nous venons d'éprouver en parcourant ces autres travaux en apparence plus humbles, mais non moins nécessaires aux bonnes épouses et aux bonnes mères de famille et qui nous ont révélé l'adresse et l'intelligence de vos jolis doigts. Le lin, la soie, la laine et le coton ont reçu de vous les formes les plus variées. On ne sait ce que l'on doit le plus louer, ou du bon goût des dessins ou de la finesse de l'exécution. Cette exposition a réjoui nos cœurs autant que nos yeux; il y a là un parfum de la famille et de la vie domestique; dans cette belle Histoire romaine que vous savez si bien, vous avez vu combien l'aiguille et le fuseau étaient en honneur, vous avez vu qu'aucun Romain n'était vêtu que des habits filés par sa femme ou par sa fille, et que l'empereur Auguste, maître du monde, donnait l'exemple de cette noble simplicité. Nous vivons sous un autre Auguste, non moins grand politique, non moins juste appréciateur de tous les mérites que le neveu de César. Vous savez toutes comment il vient d'honorer les arts manuels d'une façon digne de lui et de notre siècle. Chargé ici, comme président de la commission de l'Exposition, de recueillir les produits qui devaient faire connaître à la France notre mérite industriel, j'avoue que je n'ai rien reçu de comparable aux ouvrages de votre aiguille, et qu'en les regardant j'éprouvais le regret de n'avoir pu les envoyer à la Métropole pour lui prouver que ses filles d'outre-mer ont, elles aussi, ce feu sacré, cet instinct national, ce sentiment de l'art qui font proclamer la France la reine du goût et de l'élégance.

Recevez, Madame la Supérieure, et vous toutes, Mesdames, nos vifs et profonds remerciements pour la bonne direction que vous donnez aux études de nos enfants. C'est une instruction complète, prévoyante qui sera la parure des jours de la prospérité, mais qui, au jour du malheur, peut fournir d'inappréciables ressources. Je ne suis donc que l'écho de la colonie entière en répétant ici ce qui se dit partout, que grâce à vous l'éducation des jeunes personnes ne laisse rien à désirer à la Martinique.

IX

OPINION DE M. RUFZ DE LAVISON SUR LA FIÈVRE JAUNE (ACADÉMIE DE MÉDECINE, SÉANCE DU 18 SEPTEMBRE 1857).

J'ai regretté de n'avoir pu venir la dernière fois à l'Académie, aux séances de laquelle j'assiste toujours avec le plus grand intérêt. Si j'ai demandé la parole aujourd'hui à l'occasion du procès-verbal, et si j'ai désiré ajouter quelques mots à ce qui a été dit sur la fièvre jaune, ce n'est point pour vous entretenir longuement de cette maladie. De tous les points que peut soulever son histoire, deux seuls : les rapports de cette fièvre avec les fièvres paludéennes et son mode de transmission sont ceux sur lesquels a paru se concentrer l'attention de l'Académie et me paraissent, pour le moment, mériter d'occuper vos moments; et comme un peu de dissentiment a existé là-dessus dans l'Académie, j'ai pensé que, connaissant le long séjour que j'ai fait aux Antilles, l'un des principaux foyers de la fièvre jaune, vous pourriez m'écouter avec quelque curiosité. Je veux aussi me recommander auprès de vous d'une circonstance qui n'est pas arrivée peut-être à la connaissance de quelques-uns d'entre vous, et qui paraît devoir dominer aujourd'hui toutes discussions sur la fièvre jaune, et leur donner un nouvel intérêt, ou, comme on le dit, un intérêt plus actuel. Vos relations avec les pays où règne la fièvre jaune sont sur le point de recevoir un changement considérable. Autrefois, pour se rendre en France des Antilles, de la Nouvelle-Orléans, de la Vera-Cruz, principaux foyers de la fièvre jaune, la navigation à voile mettait de trente à soixante jours de traversée, et chaque navire n'apportait qu'une trentaine de passagers au plus. Aujourd'hui, les bateaux à vapeur dits transatlantiques ont été décrétés par le gouvernement. Les traversées ne seront plus que de douze à quinze jours, et au lieu de quelques passagers, ce sont trois ou quatre cents qui seront versés sur vos rivages. L'opinion peut s'alarmer; vous pouvez être appelés à la rassurer ou à éclairer le gouvernement sur des questions qui vous seront adressées.

Ce fut, je crois, à l'occasion de deux mémoires adressés par moi à l'Académie, sur l'épidémie de fièvre jaune qui avait eu lieu à la Martinique, de 1838 à 1845, que Chervin formula son opinion sur la similitude de la fièvre jaune avec la fièvre paludéenne; il intitula son rapport : *De l'identité de la fièvre jaune avec la fièvre paludéenne à propos de deux mémoires de M. Rufz.*

Cette opinion n'était pas nouvelle, elle est formellement indiquée par Pringle, dans son ouvrage classique *sur les maladies des armées*, et Pringle dit la tenir de Huch, son ami, qui avait longtemps pratiqué la médecine aux îles pendant la guerre de 1742. Après bien d'autres observateurs, j'avais, il est vrai, signalé des ressemblances que j'avais reconnues entre la fièvre jaune et les fièvres paludéennes. Mais dans une autre colonne j'avais énuméré aussi les dissemblances qui me semblaient devoir distinguer ces deux maladies. Chervin cédant à une préoccupation d'esprit, dont il n'y que trop d'exemples dans l'histoire des sciences, releva les ressemblances qui venaient à l'appui de son opinion sur la contagion, et passa sous silence les dissemblances.

Permettez-moi de reproduire ici cette comparaison, car si nous persistons à poser dans ces questions les principes abstraits de *contagion et d'infection*, pour têtes de chapitres, et si nous voulons leur adapter les faits à mesure que nous les observerons, nous nous exposons à rétrécir ces faits et à les tailler pour ainsi dire sur notre préoccupation. Exposons-les simplement, sauf à laisser à chacun le soin d'en tirer les conclusions qu'ils renferment.

Voici donc les ressemblances.

Lorsque la fièvre jaune règne dans un pays, à la Martinique, par exemple, elle n'attaque qu'une certaine classe d'individus, qui se trouvent dans des conditions particulières, les Européens, et surtout les Européens nouvellement arrivés; mais en même temps, il a été reconnu par tous les observateurs que sur les indigènes, et surtout sur les enfants, régnaient *de mauvaises fièvres* en plus grande quantité que d'ordinaire.

Ces mauvaises fièvres tiennent de la fièvre jaune et des fièvres de marais. Elles tiennent de la fièvre jaune par quelques-uns de ses phénomènes les plus remarquables : le vomissement noir et l'ictère après la mort.

J'ajouterai que, dans les cas d'autopsie malheureusement trop rares que j'ai eu occasion de pratiquer à la suite de ces fièvres sur les indigènes, l'altération du foie m'a semblé se trouver plus souvent que celle de la rate si particulière aux fièvres dues au miasme paludéen. Je dis : m'a semblé, parce que sur ce point je veux faire un appel à l'observation ultérieure plutôt que poser une proposition absolue.

Ces fièvres cependant diffèrent de la fièvre jaune par leur marche, leur symptômatologie plus variée, plus ataxique, par leur moindre gravité, et surtout par l'efficacité plus grande du traitement par le quinquina.

Je vois que M. Dutrouleau a adopté une opinion tierce, qu'il est d'avis que la fièvre jaune peut compliquer la fièvre paludéenne, et réciproquement la fièvre paludéenne compliquer la fièvre jaune, prenant en considération le génie paludéen qui s'immisce dans les maladies de ces contrées.

Mais d'abord ces complications ne s'appliquent pas aux indigènes qui ne sont point atteints de la fièvre jaune, et n'expliquent point la coïncidence des fièvres graves que tous les observateurs ont constatée chez ces indigènes en plus grand nombre au moment où survient la fièvre jaune.

En outre, beaucoup d'autres observateurs, entre autres les médecins de la Nouvelle-Orléans et M. le docteur Maher, médecin principal de la marine à Rochefort, ont reconnu à la fièvre jaune dans certaines épidémies un véritable caractère intermittent, et il faut reconnaître avec eux que, dans ces épidémies ou dans certaines phases de ces épidémies, le sulfate de quinine a eu plus d'efficacité : mon observation en 1838 fut conforme à la leur.

C'est donc sur ces ressemblances : existence des fièvres graves sur les indigènes en même temps que la fièvre jaune règne sur ceux qui y sont sujets, caractère d'intermittence incontestable de la fièvre jaune dans certaines épidémies, ictère après la mort, et peut-être altération du foie ; c'est, dis-je, sur ces ressemblances que Chervin motiva son opinion de l'identité de la fièvre jaune et de la fièvre paludéenne.

Mais s'il existe des ressemblances, j'ai dit qu'il y avait aussi des dissemblances, et ces dissemblances, les voici :

La fièvre jaune ne règne que dans une certaine zone de la terre, circonscrite pendant longtemps entre le 51me degré boréal et le 28me austral, entre Québec et Fernambouc, dans ces derniers temps, elle a franchi ces limites, et s'est répandue dans l'hémisphère austral beaucoup plus bas : il y a eu de grandes épidémies à Rio et même jusqu'à Montevideo. Permettez moi de noter en passant un fait que je puis appeler consolant, c'est que, si la fièvre jaune semble se porter vers l'Amérique du Sud, ses épidémies paraissent aujourd'hui moins fréquentes et moins cruelles dans l'Amérique du Nord, c'est-à-dire à Boston et à New-York ; de sorte que la fièvre jaune semblerait fuir la civilisation, et donner ses préférences à la sauvagerie. Mais peut être aussi est-ce parce que dans ces derniers temps les immigrations européennes, c'est-à-dire la matière de la fièvre jaune, sont devenues plus abondantes vers l'Amérique du Sud! Hélas! les illusions, toutes charmantes qu'elles sont, ne sont pas permises aux médecins !

Dans l'ancien continent, la fièvre jaune a été vue à diverses reprises au Sénégal, en Espagne, en Italie. On peut dire qu'en France elle a eu quelques commencements d'apparition à Rochefort et à Brest. Car on ne saurait nier que les faits observés dernièrement à Brest, et dont M. Beau vous a fait le rapport, ne fussent des cas de fièvre jaune.

Mais quelque étendue que soit la zone de la fièvre jaune, elle est loin d'égaler le domaine des fièvres intermittentes. Celles-ci existent, on peut dire non-seulement là où domine la fièvre jaune, mais sur tout le littoral du monde où la fièvre jaune n'existe pas; particulièrement à Java, sur les bords du Gange, où le miasme paludéen est à son summun, et ailleurs encore.

Non-seulement la fièvre jaune est restreinte en latitude, mais elle l'est en altitude et même en longitude. Ainsi on enseigne généralement aujourd'hui qu'au dessus de 500 mètres du niveau de la mer, la fièvre jaune ne se développe pas. Et sur le continent américain, on fuit la fièvre jaune en se réfugiant dans l'intérieur des terres, où se rencontre cependant la fièvre paludéenne.

En résumé la fièvre paludéenne règne en mille lieux autres que ceux où règne la fièvre jaune.

Pour ne parler que de la Martinique, Saint-Pierre est peut-être la localité où il règne le moins de fièvres intermittentes. C'est cependant le principal théâtre de la fièvre jaune; tandis qu'au Lamentin et dans les autres quartiers du Sud, où les fièvres intermittentes sont endémiques, la fièvre jaune y est beaucoup plus rare.

Ici se présente une objection qu'il nous faut examiner avant de passer plus loin dans cette revue du domaine respectif de ces deux genres de fièvres: si la fièvre jaune est moins fréquente dans ces localités, ne serait-ce point que sa matière, les individus qui y sont sujets, ne se rencontrent pas en aussi grand nombre dans ces lieux-là.

L'histoire à la main, il est vrai, on reconnaît que la fièvre jaune s'est manifestée sur n'importe quel point du littoral américain où règne cette affection du moment qu'il y arriva une grande affluence d'Européens, c'est à-dire un foyer comme en forment les grandes expéditions militaires ou les colonisations en masse. Telles sont, sans remonter trop haut, la guerre d'Amérique, l'expédition de Saint-Domingue et les différentes colonisations de Cayenne.

S'il est vrai que ces grandes affluences d'individus favorisent le développement de la fièvre jaune, il n'est pas moins vrai qu'il s'est écoulés souvent de longs intervalles, huit à dix ans, sans qu'il y ait eu de fièvre jaune aux colonies. Cependant, durant ce laps de temps, le courant des arrivages européens n'est pas interrompu. Les équipages de navires, les changements de garnisons, les besoins du commerce qui amènent des pacotilleurs, tout cela apporte un contingent d'individus très propres à réveiller la fièvre jaune, si elle ne faisait que sommeiller faute d'aliments, et qui constitueraient des réactifs très-propres à la manifester. En 1848 surtout, à la suite de nos troubles civils, il se fit aux colonies une émigration de travailleurs qui me fit croire que la fièvre jaune allait paraître, et cependant il n'en fut rien. Il y a donc des temps d'immunité bien réelle pendant lesquels la fièvre jaune n'existe pas aux colonies.

Cette question des temps d'immunité de la fièvre jaune m'amène à examiner cette autre question, si la fièvre jaune est toujours épidémique aux colonies où si elle y est endémique.

Mes idées sur ce point ne sont pas très-nettes. Il y a des faits confus dont la valeur n'est pas pour moi tout à fait dégagée. Ainsi, tous les ans, on constate des cas de fièvre jaune sporadique bien dessinés, avec tout l'appareil symptomatique caractéristique, vomissement noir, hémorrhagie, etc. Ces faits se présentent surtout aux chirurgiens de la marine, dont l'observation porte sur les soldats de la garnison et sur les marins des équipages.

Mais outre ces cas sporadiques, à certaines années et même à certaines époques de chaque année, il se manifeste une foule de cas de fièvre ayant tout l'aspect d'une fièvre jaune au premier degré, coloration de la face, assoupissement profond, céphalalgie, douleurs lombaires, courbature. Cette fièvre a ce qu'on appelle le masque de la fièvre jaune : c'est à tel point que les médecins se disent entre eux : Si nous étions en temps de fièvre jaune, cela pourrait bien passer pour une fièvre jaune.

A la suite des épidémies de 1838 et de 1852, ces cas se multiplièrent beaucoup, et furent à la fièvre jaune ce que la cholérine est au choléra. Ils sont comme les anneaux d'une chaîne qui réunissent deux épidémies. Mais suffisent-ils pour établir l'endémicité? Et les épidémies ne sont-elles qu'une apparition du principe mobile dont l'action dans les temps ordinaires dont nous parlons est diminuée? C'est ce que je ne puis décider présentement.

Quoi qu'il en soit, il est certain qu'il y a des épidémies de fièvre jaune.

A ce moment du début des épidémies, non-seulement les nouveaux arrivés, mais tous les Européens survenus dans l'île depuis la dernière épidémie sont atteints; seulement la gravité du mal est différente dans les deux catégories de malades. Très-grave chez les nouveaux arrivés, dont la mortalité est quelquefois de plus de moitié, la maladie est plus faible chez les acclimatés, dont la mortalité est beaucoup moindre.

Maintenant arrive cette question importante : Comment se sont développées les épidémies de fièvre jaune? N'étaient-elles que de simples aggravations de la sorte d'endémicité dont j'ai parlé? Ou bien ont-elles été importées du dehors : et dans ce dernier cas, par quelle voie avaient-elles été importées?

C'est un fait hors de doute que les épidémies de fièvre jaune que j'ai été à même d'observer à la Martinique n'y ont pas éclaté subitement et pour ainsi dire d'emblée. Elles y ont été précédées, et pour ainsi dire annoncées par un développement insolite de cette endémicité dont j'ai parlé. A peu près comme certaines affections gastro-intestinales précèdent et annoncent le choléra, on dirait un principe qui prend un développement successif, et n'arrive à son summum que graduellement.

En outre, ces épidémies ne se sont pas développées spontanément et pour ainsi dire comme poussant du sol. En 1838, nous savions que la Guadeloupe, située un peu plus au nord, était en proie à la fièvre jaune, avant que cette maladie nous arrivât, et débutât chez nous par la ville de Saint-Pierre, qui est plus rapprochée de la Guadeloupe que le Fort-Royal ; au contraire, en 1852, la Barbade et les colonies françaises, situées à notre sud, furent atteintes les premières, et la maladie nous arriva par le Fort-Royal, plus proche de la Barbade.

Cette progression de proche en proche rappelle encore la marche du choléra, et peut-être, si les moyens de publicité existaient entre les pays de l'Amérique, comme entre ceux de l'Europe, pourrait on suivre, à la piste la fièvre jaune, comme on suit aujourd'hui le choléra, dans toutes ses étapes.

Mais si la fièvre jaune ne naît point du sol, si elle n'est point le résultat de quelque influence endémique, solaire, calorique ou électrique, si elle nous est importée, par quelle voie nous est-elle importée?

Ecartons la voie de l'air, d'où il n'a pas été possible encore de dégager le miasme, l'influence, l'inconnu enfin qui serait la cause de la fièvre jaune, seule démonstration probante en pareil cas? Reste la contagion humaine, le transport par les effluves qui s'exhalent du corps de l'homme ou des objets qu'il porte avec lui, qui ont été imprégnés du principe générateur de la fièvre jaune, dans un lieu où ce principe existe.

Je suis tout à fait de l'avis de M. Londe, il n'est pas possible de citer un seul cas de propagation de la fièvre jaune par la transmission directe, encore moins par l'inoculation. Vous connaissez là-dessus les courageuses expériences et le dévouement de Chervin, à la mémoire duquel il faut toujours rendre hommage, lorsqu'il s'agit de fièvre jaune.

Il serait trop long de parcourir les divers modes de contagion ; je laisse à vos esprits d'en faire les applications à la fièvre jaune, et je dis que si la fièvre jaune est contagieuse, elle l'est d'une façon particulière, et que c'est la plus restreinte des maladies contagieuses. Elle ne l'est pas même à la façon du choléra et des exanthèmes, scarlatine, variole ou rougeole.

Car le choléra s'est répandu indistinctement dans tous les pays, et dans ces pays il a affecté tous les habitants ; tandis que, vous l'avez entendu, il n'en est pas de même de la fièvre jaune, dont l'action est infiniment plus circonscrite. Et qu'est-ce donc qu'une maladie contagieuse à laquelle il faut des circonstances si particulières, si limitées, pour se développer.

J'en dirai autant de la fièvre jaune comparée aux exanthèmes.

Si donc on faisait une échelle de la contagion, il faudrait placer la fièvre jaune au dernier degré de cette échelle.

Je sais que dans quelques relations d'épidémies de fièvre jaune, ceux qui les ont observées ont cité des faits graves de transmission par des navires, d'où ils avaient pu, pour ainsi dire, constater le débarquement de la fièvre jaune et suivre à la trace son développement sur la terre. C'est l'affirmation de ces faits qui dans le temps a donné aux discussions qui ont eu lieu sur la fièvre jaune une vivacité regrettable. En effet, de pareils faits ne sont pas, pour ainsi dire, des faits médicaux. Ce sont des ouï-dire, des nouvelles, des faits matériels auxquels on ne peut opposer ni logique, ni raisonnements, et qu'on ne contredit que par des démentis.

Il n'est que trop vrai que ces faits n'existent le plus souvent qu'à l'état d'*assertions*; il faudrait en prendre son parti et y renoncer. Ces faits, pour être crus, devraient être constatés avec solennité, avec contrôle, et non sur la foi d'un seul individu, il faudrait qu'ils ressortissent d'enquêtes à la fois scientifiques et administratives. Or, à ma connaissance, cela n'a été fait qu'une fois convenablement. C'est à Gibraltar, par MM. Louis, Trousseau et Chervin. Ils nous ont laissé un beau modèle. Mais malheureusement leur travail n'existe qu'à l'état de *matériaux bruts*; c'est pour nous une énigme dont seuls ils pourraient dire le mot.

J'arrive à une dernière question qui est pour vous d'un intérêt flagrant, une question pour ainsi dire personnelle; je veux parler de la transmisibilité possible de la fièvre jaune, des pays où elle règne, à la France. Vous avez entendu ce que j'ai dit de la fièvre jaune, que, si elle vous arrivait, elle devrait, d'après ses antécédents, borner ses ravages aux villes du littoral; cela est déjà assez rassurant. Mais enfin, quoi qu'on veuille dire pour vous rassurer, il n'en est pas moins vrai que la fièvre jaune a déjà pris pied en Europe, qu'elle y a fait déjà des apparitions et même des apparitions assez terribles à Cadix, Gibraltar, Barcelone; qu'elle a eu des commencements d'exécution à Rochefort, à Brest, même en Angleterre, où l'on a été obligé dernièrement, en 1853, de rétablir la quarantaine. Ces faits sont irrécusables. Mais à ces faits j'opposerai le fait bien autrement considérable de la rébellion de la France et de l'Europe à la fièvre jaune depuis plus de trois siècles, malgré les milliers de navires qui les mettent journellement en rapport avec les pays infectés. En 1820, M. Moreau de Jonnès avait pu constater qu'il y avait plus de deux cents épidémies connues de cette grande maladie. Depuis, il s'en est ajouté d'autres. Pour ma part, j'ai été témoin de deux longues et graves épidémies; et en ce moment il en règne une furieuse presque sur tout le littoral de l'Atlantique qui vous regarde, et cependant vos relations si multipliées avec ces pays n'ont pas été interrompues. Les précautions pour vous en préserver sont presque nulles, et la fièvre jaune ne vous arrive pas, ou si elle vous arrive, elle est venue s'éteindre et mourir dans l'air de Brest ou de Rochefort. Enfin, comme je vous l'ai dit en 1853, il se déclara à Southampton quelques faits qui excitèrent des alarmes : l'amirauté anglaise s'en émut : le *Board of health* ressuscita la quarantaine pour quelques jours ; mais on reconnut l'inutilité de cette grande mesure : elle fut retirée et n'a pas été rétablie. Quoique dans ces derniers temps les steamers anglais qui arrivent de Saint-Thomas en douze jours jettent à la mer, durant cette courte traversée, vingt-cinq à trente hommes morts de la fièvre jaune, et que le nombre des malades versés à terre et par conséquent introduits en Angleterre est en raison de cette mortalité, car tous les sujets atteints de la fièvre jaune n'en meurent pas, cependant, malgré de pareils véhicules, la fièvre jaune ne s'est pas encore déclarée en Angleterre.

J'ajouterai que, pour le moment, les lois sanitaires de la France suffisent aux besoins de la situation ; qu'il n'y a rien, absolument rien, à faire ; qu'il faut rester les bras croisés, l'arme au bras, et observer. Si un jour on reconnaissait la nécessité de sortir de cette expectation, l'entreprise serait considérable ; car il ne s'agirait pas de se préserver soi seul, par des mesures particulières. A cause de la facilité et de la rapidité que la vapeur a amenées entre les relations des populations, il faudrait des mesures d'ensemble et générales à presque toute l'Europe ; car si vous enfermez et interdisez vos côtes aux navires venant de l'Amérique, l'Angleterre, la Belgique et même l'Espagne lui restant ouvertes, la fièvre jaune vous arriverait presque aussi promptement, par ces différentes voies. Si donc, ce qui, grâce à Dieu, n'existe pas, on reconnaissait un jour la nécessité de rétablir les quarantaines, ce serait une entente européenne qu'il faudrait, et presque un nouveau blocus continental qu'il faudrait décréter contre la fièvre jaune.

Vous le voyez, Messieurs, pour vous, chargés du soin de la santé publique, la question de la fièvre jaune se présente aujourd'hui sous une face autre que celle sous laquelle elle s'est presentée il y a quelques années. Le sujet est digne de votre attention et même de votre surveillance.

Paris. — De Soye et Bouchet, imprimeurs, 2, place du Panthéon.

39

www.ingramcontent.com/pod-product-compliance
Lightning Source LLC
LaVergne TN
LVHW020300230826
846091LV00006B/2487
* 9 7 8 2 0 1 3 3 8 4 5 5 1 *